¿QUÉ ES LA SABIDURÍA?

¿QUÉ es la SABIDURÍA?

Una colección de pensamientos prácticos para tomar mejores decisiones en la vida

KAYVAN KIAN

TO THE MOON PUBLISHING
New York, New York

COPYRIGHT © 2023 KAYVAN KIAN
Todos los derechos reservados.

¿QUÉ ES LA SABIDURÍA?
Una colección de pensamientos prácticos para tomar mejores decisiones en la vida

ISBN   978-1-5445-3440-4   *Pasta dura*
       978-1-5445-3439-8   *Pasta blanda*
       978-1-5445-3438-1   *Libro electrónico*

Número de Control de la Biblioteca del Congreso de Estados Unidos: 2022920625

El material que contiene este libro es una adaptación de los artículos escritos por Kayvan Kian, originalmente publicados en *Forbes.com* y *McKinsey.com*.

TO THE MOON PUBLISHING
New York, New York

Fotografía del autor por: Giovanni Siani
Diseño gráfico por: Afitha de Rijk-Voeten
Ilustraciones por: Teresa Muniz

Fortuna Eruditis Favet

—Frase en Latín

Dedicado a quien fuiste y a quien serás.

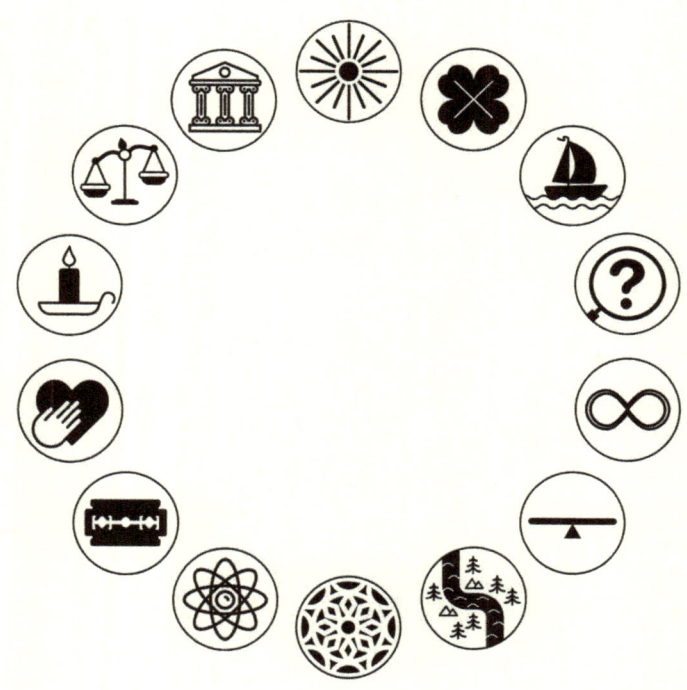

Índice

Bienvenida **xiii**

Cleóbulo puede ayudarte a sobrellevar tiempos difíciles tanto como los de prosperidad **1**

Heráclito puede ayudarte a sentirte empoderado en un mundo cambiante **11**

Sócrates puede ayudarte a prevenir errores irreversibles **21**

Nietzsche puede ayudarte a llevar una vida libre de arrepentimientos **31**

Aristóteles puede ayudarte a encontrar sentido en la construcción de tu propio carácter **39**

Bruce Lee te puede ayudar a adaptarte y superar los obstáculos **49**

Tales puede ayudarte a reconocer los patrones a tiempo **59**

Demócrito puede ayudarte a conectar la teoría con la práctica **69**

Ockham puede ayudarte a ahorrar tiempo y energía **77**

Hipócrates puede ayudarte a prevenir daño accidental **85**

Kant puede darte el coraje para pensar por ti mismo **95**

Hiparquía puede mostrarte la dirección correcta con base en tus valores **105**

Conectarlo todo **115**

Con gratitud **129**
Sobre el autor **133**

Bienvenida

En cuanto a las decisiones que tomas, ¿te considerarías *sabio*? Al menos *más sabio* que el año pasado o la década pasada, probablemente. La sabiduría puede llegar con los años, a través de la experiencia, el estudio y la práctica. Lo quieras o no, tus próximas decisiones tendrán consecuencias positivas o negativas, previstas o imprevistas, intencionadas o no, grandes o pequeñas. Sin embargo, no eres la primera persona que se enfrenta a decisiones difíciles en la vida.

Este libro compartirá la experiencia, las lecciones y los pensamientos, producto de mucho esfuerzo, de los filósofos que hicieron lo mejor que pudieron durante el último milenio.

El sociólogo William Bruce Cameron escribió una vez: "No todo lo que se puede contar cuenta. No todo lo que cuenta es contable". En el mundo actual, a menudo intentamos resolver cuestiones difíciles reduciendo un problema o una oportunidad a algo que sea contable para sopesar los costes y los beneficios, sin tener en cuenta los riesgos, la escala o la naturaleza de la decisión. Este enfoque, si se adopta sin pensar, puede desconectarnos de las complejidades del mundo real. Puede pasar por alto los criterios "no contables" más importantes para la decisión en cuestión, llevarnos a una sensación de confianza infundada y, por tanto, causar más problemas de los que se intentan resolver.

En un mundo incierto en el que hay mucho en juego, ampliar la perspectiva *más allá* de lo contable puede aumentar las posibilidades de tomar mejores decisiones. En los próximos capítulos, tendrás la oportunidad de practicar, de manera divertida, *formas únicas de pensar* y distintos enfoques para afrontar problemas, cada uno de ellos introducido por otro filósofo del pasado.

Tales puede ayudarte a detectar patrones que, de otro modo, podrían pasar desapercibidos. Cleóbulo advierte que no hay que sentirse demasiado cómodos en tiempos de prosperidad ni sentirse demasiado incómodos en tiempos difíciles. Nietzsche puede ayudarte a vivir con menos remordimientos, mientras que Ockham puede ahorrarte tiempo y energía a la hora de tomar decisiones. Estos y muchos otros los conocerás en las próximas páginas, con espacio para escribir tus propios pensamientos, ideas y demás.

El objetivo de este libro *no es* promover una determinada forma de pensar por encima de otra. Cada situación es única, y ciertos enfoques serán más apropiados en determinados casos. En esencia, el objetivo principal es practicar el *intercambio* entre estas formas de pensar. Al igual que la capacidad de *cambiar* de velocidades en un vehículo proporciona más seguridad y libertad, la capacidad de intercambiar entre estas formas de pensar también te aportará numerosos beneficios.

Te ayudará a adaptarte mejor a un entorno cambiante y evitará que cometas errores innecesarios e irreversibles. Puede ayudarte a distinguir mejor entre lo que importa y lo que no y a tomar decisiones sin arrepentimientos. Puede darte el valor de pasar a la acción cuando se presenta la oportunidad, la prudencia de hacer una pausa cuando se necesita perspectiva y la diligencia de seguir adelante para acercarte a donde quieres estar. En otras palabras, esta capacidad de *cambio* puede ayudarte a responder a la pregunta: *¿Qué es la sabiduría?*

En el camino, podrías incluso desarrollar tu propia filosofía de vida, la cual podrás transmitir a las generaciones futuras como tu legado. Independientemente del resultado final, espero que disfrutes cada paso de la sensación de dominio, libertad y maravilla que te espera.

Cleóbulo puede ayudarte a sobrellevar tiempos difíciles tanto como los de prosperidad

Si llevas un tiempo persiguiendo tus sueños, sabes que la vida está llena de altibajos: momentos prósperos y momentos difíciles. En ambas caras de la moneda, puede ser tentador responder de forma excesiva. Cuando los tiempos son buenos, podemos tener la tentación de tomarnos las cosas con calma y dejar de hacer las cosas que nos llevaron al éxito.

En los malos tiempos, cuando las cosas parecen no tener remedio, podemos sentirnos tentados a desesperar o a ceder por completo. Ambas reacciones son comprensibles, pero conllevan un riesgo importante.

Para afrontar de la mejor manera posible los buenos y malos tiempos que inevitablemente aparecerán en nuestro camino, podemos recurrir a la sabiduría de Cleóbulo, quien fue un poeta griego de los siglos VI y VII a.C. También se le considera uno de los Sabios de Grecia, o Siete Sabios.

Como en el caso de muchos de los filósofos presocráticos, gran parte de la obra de Cleóbulo se ha perdido. Sin embargo, esta cita ha sobrevivido y perdura hasta nuestros días: "No seas arrogante en la prosperidad. Si caes en la pobreza, no te humilles; sabe soportar los cambios de fortuna con nobleza".

Para ver cómo podemos aplicar las lecciones de esta cita en la práctica, veamos escenarios contrastantes a los que te puedes enfrentar.

Ser arrasado por las circunstancias

Hay ocasiones en las que, por ejemplo, una empresa atrapa un rayo en una botella: la demanda se dispara, lo cual aporta montañas de nuevos ingresos y provoca niveles de crecimiento sin precedentes. Para usar una frase del mundo de los *startups* (empresas emergentes), es el modelo de crecimiento del "palo de hockey". Después de juguetear y patinar durante varios años, una empresa joven llega a un punto de inflexión y experimenta un crecimiento vertiginoso.

Por el contrario, muchas empresas no llegan a este punto después de muchos años de esfuerzo. Las promesas no han sido cumplidas. Tal vez haya un problema de producción que haya retrasado el producto y evaporado el interés de los clientes, o los pedidos no han llegado a pesar de que los clientes decían que estaban emocionados. En cualquier caso, no hay palo de hockey. El crecimiento es plano.

Por muy diferentes que parezcan estas situaciones, los líderes de ambas partes pueden sentir el impulso de dejarse llevar por las circunstancias externas, y sus acciones pueden reflejarlo.

En lugar de averiguar qué es lo que está funcionando tan bien y seguir construyendo sobre ello, los líderes de la empresa de éxito pueden darse el gusto de gastar extravagantemente, hacer movimientos imprudentes o tratar a la gente con cierto desprecio. En su mente, los buenos tiempos durarán para siempre, así que ¿qué importa cuánto gasten o cómo actúen?

Mientras tanto, en lugar de aprender de sus errores, de intentar algo nuevo o de encontrar una forma de minimizar las pérdidas actuales, los que dirigen la empresa en dificultades podrían dejarse llevar, o rendirse. Puede que asuman que sus desgracias son permanentes, pierdan su fuerza interior, su voluntad y su valor, y terminen siendo víctimas de su propia afirmación: *¿A quién le importa si tomo alguna medida? De todos modos, no importará.*

Vivir sin ilusiones

Cuando nos dejamos llevar por las circunstancias externas, podemos cometer errores peligrosos. Uno de esos errores es suponer que nuestras acciones no tienen consecuencias significativas. Esto, claramente, no es cierto. Incluso sin tener en cuenta los resultados externos, nuestras acciones dan forma a lo que somos y en lo que nos convertimos, tanto en tiempos prósperos como difíciles. Nuestras circunstancias externas no nos definen, pero la forma en que *respondemos* a esas circunstancias —cosa que está bajo nuestro control— sí define nuestro carácter.

Otro error es subestimar el papel de la suerte, especialmente cuando experimentamos el éxito. Cuando todo lo que haces se convierte en oro, puedes perder el contacto con las complejidades de la realidad. Puede ser tentador reclamar estos resultados como el fruto de tu propio genio y trabajo duro y considerarlos una confirmación de tus talentos extraterrenales. Los beneficios astronómicos o el éxito de un proyecto pueden hacer inconcebible que las cosas puedan ser diferentes el año que viene, por no hablar de mañana.

Como nos muestra Cleóbulo, no hay garantía de que las cosas sigan igual que hoy, lo que debería ofrecer esperanza a los desesperados y una advertencia a los que se duermen en los laureles.

Esta palabra de advertencia, por supuesto, no pretende crear preocupación o ansiedad. Su objetivo es evitar errores innecesarios e irreversibles. Sirve para que no te sorprendas cuando tengas que recalcular tu ruta. Está pensada para animarte a cultivar las cosas que nadie podrá quitarte nunca: tu voluntad, tu creatividad, tu distintiva fuerza, tu claridad de pensamiento y mucho más. Como dijo el rey filósofo Marco Aurelio: "Nunca dejes que el futuro te perturbe. Te enfrentarás a él, si es necesario, con las mismas armas de la razón que hoy te protegen contra el presente".

Mirar hacia atrás desde el futuro

Observa tu vida hoy. No ayer, ni mañana, sino hoy. ¿Qué partes van bien? ¿Qué partes no van bien? ¿Cómo van las cosas en el trabajo? ¿Cómo son tus relaciones con la familia y los amigos? ¿Cómo van tus sueños de la infancia? ¿Qué cosas van bien que podrías estar dando por sentadas? ¿A qué cosas podrías estar renunciando? ¿Qué área de tu vida se vería más favorecida por el pensamiento de Cleóbulo?

¿Qué te dirías a ti mismo si, dentro de unas décadas, volvieras al día de hoy? ¿Te vas a reunir con ese posible inversionista o lo vas a cancelar porque no crees que valga la pena? ¿Estás reservando algo para el futuro o lo estás gastando todo como si nunca se te fuera a acabar?

Cleóbulo nos enseña a no confiar ni en los buenos ni en los malos momentos. Nos enseña que si, en cambio, confiamos en nosotros mismos, podemos "soportar los cambios de la fortuna con nobleza".

Pensamientos, ideas y más...

Pensamientos, ideas y más...

Heráclito puede ayudarte a sentirte empoderado en un mundo cambiante

Vivimos en un mundo que puede ser descrito como VICA: volátil, incierto, complejo y ambiguo. Las cosas cambian tan deprisa que es difícil saber lo que vendrá después, y como el mundo está más interconectado que nunca, muchos dirían que ni siquiera están seguros de lo que *necesitan* saber. Sin embargo, se podría argumentar que las cosas siempre han sido así.

Hace dos milenios, el filósofo griego Heráclito comentó que "la única constante es el cambio". Sin embargo, es justo decir que algunos períodos de la historia se han sentido más VICA que otros. Si sientes que tu entorno cambia a un ritmo demasiado rápido y tienes que esperar lo inesperado constantemente, en un mundo imprevisible y confuso, seguro que no estás solo.

Un entorno así puede representar una tremenda lucha para muchos. Cuando el cambio se produce por todas partes, puede crear una sensación de agobio y dar lugar a la tentación de aferrarse a cómo eran las cosas antes. Los empresarios, por ejemplo, pueden echar de menos "los buenos tiempos" antes de que su organización experimentara un crecimiento repentino, cuando la toma de decisiones era más fácil y se sabían los nombres de todo el mundo.

Ya sea que te sientas perdido en un sentimiento de nostalgia o simplemente abrumado, puede que seas reacio a comprometerte con *el aquí y el ahora.*

¿Qué está pasando en tu mundo?

He aquí un breve ejercicio para comprender mejor tu propio entorno. Piensa en todo lo que ha sucedido en los últimos seis a doce meses y haz una lista de los acontecimientos que han tenido un impacto significativo en ti. Los puntos que anotes pueden ser positivos o negativos, locales o globales, etc.

Las siguientes preguntas de guía pueden ser útiles:

Globalmente

- ¿Qué titulares de prensa te han impactado en los últimos seis a doce meses?
- ¿Qué acontecimientos políticos y económicos están presentes en tu mente?

Localmente

- ¿Qué ha ocurrido en tu región, ciudad y/o barrio?
- ¿A qué te has acostumbrado que no formaba parte de tu vida hace un año?

Personalmente

- ¿Qué ha ocurrido en tu vida personal y en la de quienes te rodean?
- ¿En qué se diferencia tu vida hoy en comparación con la de hace un año?

Tómate un tiempo para reflexionar sobre las listas anteriores. ¿Qué sentimientos surgen cuando piensas en estos acontecimientos y situaciones? ¿Cómo crees que se sienten las personas que te rodean ante estos cambios?

¿Qué está *bajo* tu control?

Como puedes ver, incluso en los últimos seis o doce meses, tu mundo probablemente ha estado en constante cambio. Heráclito tiene otra cita que puede ayudarnos a ser conscientes de este innegable hecho:

> *"No puedes pisar dos veces los mismos ríos; porque otras aguas fluyen siempre sobre ti".*

En un mundo VICA, en el que el cambio es la única constante, la mentalidad que puede ayudarte a prosperar proviene de los antiguos estoicos: *un enfoque radical en lo que puedes controlar.* En cualquier momento, hay un número infinito de cosas que están fuera de tu control, mientras que al mismo tiempo, también hay cosas que están *bajo* tu control. ¿Qué tan bien sabes distinguir entre ambas cosas?

¿Qué significaría *concentrarse radicalmente en lo que puedes controlar* el día de hoy? ¿Qué harías diferente en la vida? Con este enfoque, ¿en qué invertirías tu tiempo, tu corazón y tu energía?

Esta mentalidad claramente no es una excusa para la apatía, ni se trata de animarte a andar por ahí sin preocuparte por lo que ocurre fuera de tu control o de encogerte de hombros ante los altibajos de tu vida. El objetivo de esta visión es capacitarte para lograr lo contrario de la apatía y ayudarte a cultivar una actitud activa en la vida.

No puedes controlar el viento, pero *puedes* ajustar tu vela. *No puedes* controlar cuántos clientes nuevos firmas, pero *sí puedes* controlar a quién te diriges, qué mejoras haces, la energía que aportas y el esfuerzo que pones en tus seguimientos. *No puedes* controlar si conseguirás el presupuesto deseado, pero *sí puedes* controlar cómo reutilizas todos los recursos personales, relacionales, organizativos, sociales y quizás incluso metafísicos a los que ya tienes acceso.

"Hacer lo que se puede con lo que se tiene" significa preocuparte tanto por tu vida que, al centrarte en lo que puedes controlar, puedes invertir todos tus pensamientos, esfuerzos y energía en formas que puedan hacer la diferencia.

Pensamientos, ideas y más...

Pensamientos, ideas y más...

Pensamientos, ideas y más...

Sócrates puede ayudarte a prevenir errores irreversibles

El éxito suele generar cierto exceso de confianza a la hora de tomar decisiones, sobre todo después de un largo periodo de buenos resultados. Es tentador disfrutar de la gloria de un trabajo bien hecho y asumir que las cosas seguirán yendo bien gracias a tu buen juicio.

En estos casos, también corres el riesgo de rodearte de "personas que dicen sí a todo", que animan, aplauden y aprueban todo lo que haces. El problema llega cuando hay que tomar una decisión para el futuro de la organización —por ejemplo, el lanzamiento de un nuevo producto, una expansión geográfica o una fusión— y el híper confiado líder "simplemente sabe lo que se tiene que hacer". Lo que funcionó en el pasado podría no funcionar ahora. La situación puede requerir nuevas perspectivas para encontrar la solución adecuada o arriesgarse a trazar un rumbo que conduzca a un error irrecuperable.

Este escenario ilustra el valor del *escepticismo*, ejemplificado por el filósofo griego Sócrates, conocido como el "tábano de Atenas" por su forma de hacer siempre preguntas críticas. Su famosa cita "Sólo sé que no sé nada" demuestra la actitud escéptica de Sócrates.

El mantra de los escépticos podría resumirse en *"¿De verdad es así?"* Esta línea de pensamiento no pretende detener todas las formas de toma de decisiones ni provocar una parálisis por análisis, sino garantizar que las decisiones estén bien pensadas.

Una visión escéptica es útil para evitar decisiones malas y posiblemente irremediables (como las que llevan a la quiebra) y puede ayudar a aprovechar oportunidades que de otro modo podríamos pasar por alto. Y aún así, el escepticismo podría convertirse en una herramienta poco utilizada porque la gente normalmente prefiere la sensación que tiene cuando sus ideas son validadas en lugar de criticadas.

Piensa por un momento en ti mismo: al formar equipos, mucho puede depender de a quiénes pides que sean los miembros. ¿Seleccionas intencionadamente sólo a los que están "de tu lado" o les pides a quienes son críticos que se unan también?

Después de completar un documento importante, como una idea para un negocio o un ensayo, es posible que te sientas aliviado por haber terminado el trabajo, sobre todo si el proceso de redacción ha sido difícil. ¿Cuántas rondas de retroalimentación e iteraciones te gustaría tener después de haber "terminado" y de quién?

Al final de una conversación, puede que seas muy bueno articulando las razones para tomar una determinada decisión; sin embargo, ¿hasta qué punto puedes describir otros puntos de vista (opuestos)? ¿Y cómo podrían estos otros puntos de vista informar y mejorar la calidad de tu decisión?

Construir un "capital escéptico" antes de necesitarlo

Ciertas oportunidades pueden presentarse sólo una vez en la vida, algunas iniciativas requieren décadas antes de que los frutos de sus inversiones aparezcan, y los errores aparentemente menores pueden cerrar puertas importantes para siempre. Por lo tanto, a menudo no tendrás la oportunidad de aprender de la experiencia, retrasar una decisión, obtener mejor información sobre el futuro, o siquiera permitirte algo de mala suerte.

En estas situaciones, puedes utilizar tu "capital escéptico". ¿Quiénes son los miembros de la familia, los amigos y los colegas que se sienten cómodos ayudándote a pisar el freno, pensar más detenidamente y cambiar el rumbo antes de que sea demasiado tarde? ¿Has pensado alguna vez en desarrollar el tamaño y la calidad de este capital escéptico a lo largo del tiempo?

Es posible que ya tengas a estas personas en tu vida sin darte cuenta de lo útiles que podrían ser. Piensa en las personas que podrías estar evitando porque te resultan molestas sus constantes preguntas. Éstas podrían ser las personas adecuadas para incluirlas en tu círculo de escépticos.

También puedes encontrar escépticos valiosos un poco más lejos de tu casa o de tu trabajo. Tal vez respetes a determinados empresarios por su beneficiosa experiencia y su perspicacia empresarial. Podrías invitarlos a desempeñar un papel en el que desafíen tus ideas para asegurarte de que las ves desde todos los ángulos.

En las reuniones, por ejemplo, puedes designar a alguien para que pregunte *"¿De verdad es así?"* de todas las maneras posibles. También pueden, como equipo, imaginar a tu cliente más escéptico y abordar las preguntas y objeciones que probablemente tendría sobre tu nuevo producto o servicio.

Por supuesto, si no tienes a nadie cerca que te ayude en este momento, siempre puedes infundirte tú mismo con una sana dosis de duda. Por ejemplo, si algo sale bien, podrías asumir que la toma de decisiones fue brillante y sabia. Pero, ¿y si era pura suerte? ¿Qué significaría esto para la próxima vez que te encuentres en una situación similar?

Creación de un impulso (ir)reversible

De nuevo, el objetivo del escepticismo no es detener el impulso. Se trata de ayudarte a ser más consciente de esos riesgosos puntos ciegos y encontrar formas inteligentes de afrontarlos.

Por ejemplo, si estás a punto de tomar una decisión irreversible, ¿podrías diseñar primero un piloto a pequeña escala, establecer un periodo de prueba, o acordar una garantía de devolución del dinero?

¿Qué pasaría si financiaras colectivamente los fondos de inversión que necesitas en lugar de sacarlo todo de tu bolsillo?

O, si estás a punto de tomar una decisión que es bastante reversible, ¿podrías incluir penalizaciones o cargos significativos para cualquier parte que intente revertir la decisión? ¿Cómo podrías cerrar las posibles salidas en este escenario?

Con el tiempo, tu escepticismo puede crecer más y convertirse en una parte más natural de tu vida diaria para evitar errores irreversibles. ¿Y quién sabe? Ahora mismo, puede que ya estés escuchando la voz de Sócrates preguntándote si *de verdad es así*.

Pensamientos, ideas y más...

Pensamientos, ideas y más...

Nietzsche puede ayudarte a llevar una vida libre de arrepentimientos

Tanto si acabas de salir de la escuela como si estás asentado en tu carrera, puedes encontrarte tan ocupado con tus responsabilidades diarias que dejas de lado —o pierdes de vista— el panorama general de tu vida y tu carrera. Puede que te sientas así ahora mismo.

Tal vez haya un nuevo pasatiempo que te gustaría

explorar, una empresa que quieras crear o un gran cambio en tu vida que te interesa hacer. Pero, por la razón que sea, sigues postergando la decisión semanas, meses; o no tienes la oportunidad de considerarla en profundidad.

Por otro lado, es posible que no estés luchando con el ajetreo tanto como con el aburrimiento. Si alguna vez has ido a trabajar y te has encontrado inquieto por lo familiar que te resulta todo, puede que estés sufriendo de "*boreout*".

Tanto si estás muy agobiado por tus responsabilidades diarias como si te aburres mucho en tu escritorio, el filósofo alemán del siglo XIX Friedrich Nietzsche podría ofrecerte un poco de perspectiva.

Nietzsche popularizó un experimento mental que se remonta a la antigüedad clásica llamado "recurrencia eterna". Se trata de la idea de que el universo —toda la existencia y cada trozo de energía— se ha repetido y seguirá haciéndolo un número infinito de veces. Piénsalo de este modo: sea como sea que elijas pasar tu tiempo hoy, así es exactamente como ocurrirá tu día un número infinito de veces en el futuro.

Esto no pretende aplicarse como una visión del mundo, sino como un experimento mental del que nace la pregunta: *¿cómo te sentirías* si tuvieras que repetir esta parte de tu vida una y otra vez, exactamente de la misma manera, un número infinito de veces?

Darle peso extra a nuestras decisiones diariamente

Algunos podrían responder: "Gracias por preguntar. Me gusta la vida que he construido y por la que estoy trabajando. Si pudiera elegir, lo haría todo de nuevo". Si es ahí donde te encuentras, pues maravilloso. Este experimento mental sigue siendo útil para tomar conciencia de tu estado mental actual.

Pero, ¿y si tu respuesta no viene acompañada de una sonrisa en la cara y un brillo en los ojos? Si las decisiones que tomas no crean experiencias que estarías encantado de repetir un número infinito de veces, *¿qué haría falta* para acercarte un paso más a la vida que quieres?

Sin hacer cambios drásticos en tu día a día, podrías empezar por *pensar de forma diferente* en las situaciones *existentes* sin cambiarlas. Por ejemplo, puedes optar por *descubrir* un nuevo significado en tu trabajo *actual* al darte cuenta de lo que *ya* estás aportando en toda su riqueza, desde la creación de algo significativo hasta la prevención de algo indeseable.

Inspirarnos de aquí a la luna, y más allá

Pensar de forma diferente sobre lo que *ya* estás haciendo puede hacer que tu trabajo sea al menos ligeramente más soportable. El experimento mental de Nietzsche podría aclarar el hecho de que se necesitan cambios mayores. Si lo que estás haciendo no cumple el mínimo de la recurrencia eterna —y ni siquiera cambiando tu perspectiva crees que lo haga—, ¿qué decisiones tendrías que tomar que fueran más significativas?

Al dar un peso infinito a tus decisiones, la recurrencia eterna te pregunta por la naturaleza de tus actividades: *¿por qué* las haces? ¿Porque las cosas *se dieron* de cierta manera o porque *quieres* hacerlas? Cuando tú recalculas la ruta con regularidad, puede que descubras que estás viviendo un camino más elegido por ti mismo, que está construido para soportar el reto de la repetición.

La recurrencia eterna te ayuda a centrarte en lo que es importante *para ti* y a tomar la decisión que *tú* crees que es mejor, en cada momento de cada día de cada mes de cada año. Por lo tanto, este experimento mental es también un antídoto contra el arrepentimiento. No porque las cosas vayan a salir exactamente como tú quisieras (rara vez lo hacen), pero cuando el día de hoy resuene en la eternidad, siempre tendrás la tranquilidad de haber hecho lo correcto dado el infinito número de opciones que tenías en cada momento.

Pensamientos, ideas y más...

Pensamientos, ideas y más...

Aristóteles puede ayudarte a encontrar sentido en la construcción de tu propio carácter

"Nos volvemos justos realizando acciones justas, sensatos realizando acciones sensatas, valientes realizando acciones valientes."
—Aristóteles

Un martes por la tarde, un empresario tenía ganas de rendirse: la nueva versión de un producto resultaba tener algunos defectos inesperados, uno de los cofundadores no parecía ser localizable en el extranjero y un posible inversionista había pospuesto la decisión de invertir una semana más.

En un mundo que se siente más volátil, incierto, complejo y ambiguo, en el que los resultados de nuestras acciones no son siempre los esperados, no siempre es evidente cómo descubrir el sentido en nuestro trabajo; por tanto, puede resultar difícil encontrar, en palabras de Nietzsche, un *porqué* que ayude a soportar cualquier *cómo*. En opinión del antiguo filósofo griego Aristóteles, un ámbito que a menudo se pasa por alto y en el que *siempre* se puede encontrar sentido en estas situaciones son las *virtudes*: los rasgos de nuestro carácter que se consideran positivos.

Piensa en las personas que respetas y que te inspiran. Lo más probable es que te sientas así no sólo por todo *eso* que han logrado en la vida, sino también por *quiénes* han llegado a ser en el proceso. En otras palabras, por su carácter.

¿Qué rasgos de carácter, o virtudes, te gustaría adoptar con el tiempo? ¿Y cómo aprovechas las oportunidades cotidianas para practicarlos? Cuando los tiempos son difíciles, la construcción de virtudes podría ser la única fuente de sentido que te ayude a salir adelante, como lo han hecho para innumerables personas en el pasado. Muchas filosofías y escuelas de pensamiento incluso consideran que construir un buen carácter es el objetivo principal de la vida humana.

El valor, la bondad, la humildad, la diligencia, la honestidad, la paciencia, la generosidad, la tolerancia, la compasión... La buena noticia es que para ejercitar estas virtudes no necesitas sacar tiempo extra de tu ajetreado día. Las virtudes no se entrenan *por encima* de tu vida diaria, sino *como parte de* ella, y cuanto más desafiante sea el día, mayor será la oportunidad de entrenamiento. La cuestión principal, sin embargo, es hasta qué punto estás practicando conscientemente estos rasgos por sí mismos, y cómo estás aprovechando al máximo cada oportunidad única.

Cuando un inversionista potencial pospone la decisión de invertir, ¿qué virtud podría estar entrenando el empresario? Quizá la paciencia. Porque ¿cuándo es el *único* momento en que se puede practicar la paciencia? Cuando uno realmente, y de verdad, no quiere, por supuesto. Del mismo modo, el *único* momento para practicar el valor es en presencia del miedo real.

Aunque parezca fácil, se necesita mucho trabajo y experiencia práctica para encontrar el "punto medio" en una situación concreta: ¿qué virtud es necesaria? ¿Qué nivel es suficiente? Por ejemplo, a la hora de hacer un regalo de cumpleaños, ¿qué tan fácil es para ti distinguir entre la tacañería, la *generosidad* y el despilfarro? Cuando se trata de una conversación durante el almuerzo, ¿la diferencia entre ser grosero, ser *gracioso* y ser un bufón? ¿Y cuando se trata de alguien que conoces bien, la diferencia entre demasiado desapego, la *amistad* y el intrusismo? Como dijo Aristóteles sobre la búsqueda y la práctica de estos "puntos medios" en cada contexto, se trata de la cantidad adecuada, en el momento adecuado, adaptada a una situación en específico.

Piensa en una acción importante que hayas llevado a cabo el año pasado con la intención de ayudar a alguien, y responde a las siguientes preguntas:

- ¿Cuál es el contexto en el que tuvo lugar esta admirable acción?

- ¿Cómo considerarías esta acción significativa?

- ¿Qué habrían hecho probablemente otras personas (menos heroicas) en la misma situación?

- ¿Cuáles son los valores y rasgos de carácter positivos que ejemplificaste?

- ¿Cuáles son las consecuencias positivas de esta acción para el otro, para ti y para tu comunidad en general?

- ¿Qué podrían aprender los demás de esta acción?

- ¿Cómo has evitado errores o daños irreversibles?

- ¿Has tomado decisiones similares en el pasado, que indiquen un patrón único?

- ¿Cuán proporcional fue la práctica de la virtud a la situación en cuestión?

- ¿Pudiste haber hecho más? ¿Deberías haber hecho menos?

- ¿Hay algo que hubieras hecho de forma diferente?

Mirando hacia el futuro, ¿qué virtudes querrías desarrollar más para construir tu propio carácter? ¿Y cuáles son las mejores situaciones para practicarlas? ¿Hay alguna actividad en los próximos días que no disfrutes particularmente? ¿Qué virtudes podrías desarrollar a través de estas oportunidades únicas?

Pensamientos, ideas y más...

Pensamientos, ideas y más...

Pensamientos, ideas y más...

Bruce Lee puede ayudarte a adaptarte y superar los obstáculos

Tal vez has experimentado alguna vez una etapa en la que parecía que todo iba mal, justo cuando intentabas perseguir un sueño o poner en marcha una nueva iniciativa.

Tu solicitud de presupuesto fue denegada por segunda vez.

La primera degustación de tus recetas nuevas no resultó como esperabas.

La asociación que habías previsto no se realizó.

Los comentarios sobre el borrador de tu discurso de boda fueron decepcionantes.

En momentos como estos, en los que los contratiempos parecen amontonarse unos sobre otros, puede parecer que el mundo está trabajando activamente contra ti. Es fácil desanimarse y tentador rendirse.

Pero teniendo en cuenta lo que está en juego para ti, tus equipos, tu organización o incluso la sociedad, puedes decidir remangarte y encontrar una nueva forma de hacer las cosas. Esto requiere nuevos niveles de flexibilidad, adaptabilidad e ingenio. Como dijo la leyenda de las artes marciales, Bruce Lee, tendrás que *"ser agua"*.

Esta filosofía —nacida del taoísmo y popularizada por Lee— consiste en encontrar una forma diferente de avanzar cuando tu camino está bloqueado, igual que hace el agua cuando un río se atasca.

Veamos las características del agua y cómo podrían aplicarse a tu vida.

El agua se adapta y encuentra su camino

La idea de "ser agua" procede de una entrevista en la que Lee dijo: *"Si pones agua en una taza, esta se convierte en la taza. Si pones agua en una botella, se convierte en la botella. Si la pones en una tetera, se convierte en la tetera. Ahora, el agua puede fluir, o puede estrellarse. Sé agua, amigo mío"*.

Lo que quería decir era esto: El agua es fluida. No tiene forma. Cualquiera que sea la situación en la que pongas al agua, se adapta. Nadie utilizaría términos como *rígido, inmutable, inquebrantable* o *inflexible* para describir el agua.

Cuando el agua de un río choca con una roca, ¿qué hace? ¿Se detiene y se queja: *"Por qué la vida ha puesto esta roca en mi camino*"? No, simplemente se desliza alrededor de la roca y sigue adelante. No reacciona de forma insuficiente ni exagerada, y tampoco se detiene. Fluye, lo mejor que puede, exactamente como lo necesita, dependiendo de la situación.

En un mundo que es VICA (volátil, incierto, complejo y ambiguo), puedes beneficiarte del estudio de la forma en que el agua se adapta y supera todo lo que se interpone en su camino.

En tu vida, ¿hay algún reto que te dé la oportunidad de "ser agua" o una situación en la que puedas *seguir la corriente?*

El agua nunca se rinde

El jugador de béisbol Babe Ruth dijo una vez: "*Es difícil vencer a alguien que nunca se rinde*".

El agua nunca se rinde. Es implacable y flexible en su camino hacia su destino. Si puede, un río fluye en línea recta. Si es necesario, adaptará su dirección alrededor de los obstáculos para seguir avanzando y llegar a donde quiere ir, no siempre tomando el camino *más corto* sino el *más rápido*.

Cuando la solicitud de presupuesto fracasa, ¿cuál sería una forma poco convencional de seguir poniendo en marcha tu iniciativa?

Las primeras degustaciones de nuevas recetas rara vez resultan perfectas. ¿Cuál es el cambio más pequeño que podría marcar la mayor diferencia?

Cuando se cierra una puerta, pueden abrirse muchas otras. ¿Hay alguna otra asociación que puedas perseguir?

En lugar de un discurso de boda, ¿puedes escribir una canción de boda creativa que llegue al corazón de la pareja?

La mayoría de la gente no quiere que se le presenten retos, contratiempos o situaciones difíciles; pero ocurre de todos modos. Y cuando sucede, tienes la oportunidad de adaptarte y superarlo.

"Sé agua" en el trabajo

Eso no quiere decir que haya que "ser *sólo* agua". En muchas organizaciones, la gente redacta protocolos probados con pasos específicos que hay que dar, y hace planes de proyecto detallados para alcanzar un objetivo. Pero, ¿es realmente posible prever y prepararse para cada acontecimiento futuro?

Los planes pueden ser útiles. Los protocolos pueden funcionar. El apoyo práctico de tus colegas a tu idea puede facilitar las cosas. Pero existe el riesgo de que estas cosas se conviertan, sin saberlo, en un objetivo en sí mismas y, por tanto, en una distracción. Como siempre, es importante no confundir los *medios* y los *fines*, y *distinguir claramente* entre ambos. ¿Cuál es tu verdadero objetivo y cómo puedes "ser agua" en los momentos adecuados para alcanzarlo de la forma más fluida posible?

A menudo, los imprevistos surgen de forma frustrante. El reflejo obvio podría ser quejarse, culpar, rendirse o utilizar la "fuerza imparable" en un intento de mover un obstáculo inamovible. Pero la vida es demasiado compleja para ser domada en todas sus dimensiones. La lección es ésta: *atrévete a improvisar*. Disfruta siendo libre, versátil y flexible. Puede que se te ocurran soluciones elegantes, novedosas y hechas a medida para problemas inesperados, igual que el agua improvisa maravillosamente en su descenso por la montaña.

Tómate un momento para pensar en algo que se interponga en tu camino y en cómo rodear ese obstáculo para alcanzar tus objetivos en lugar de *enfrentarlo*. O mejor aún, no *pienses*, y simplemente "*sé agua*".

Pensamientos, ideas y más...

Pensamientos, ideas y más...

Tales puede ayudarte a reconocer los patrones a tiempo

E stos días, muchas personas se encuentran en medio de un flujo constante de información cada vez mayor, procedente de cada vez más fuentes: el correo electrónico, los medios de comunicación, las redes sociales, la mensajería instantánea, junto con las conversaciones con colegas, amigos y familiares.

Dada la cantidad, la complejidad y, a menudo, la incoherencia de toda esta información, puede resultar difícil tomar decisiones importantes, o incluso triviales. ¿Qué tan seguro estás de que has tomado las decisiones correctas en el momento adecuado, especialmente cuando son más importantes? ¿Con qué facilidad puedes distinguir entre una señal real y el simple ruido, entre un mensaje importante y un mensajero poco convencional, o entre una causa sustantiva y un síntoma superficial?

Lo que a veces puede resultar útil en este sentido no es necesariamente tratar de procesar cada pieza de información de forma aislada, sino ser capaz de detectar *patrones*. Dar un paso atrás para examinar el panorama general a lo largo del tiempo puede ayudarte a mejorar tu juicio en la toma diaria de decisiones. Sin embargo, esto puede ser especialmente difícil si acabas de empezar tu carrera.

Aquellos que han pasado por muchas cosas en el pasado —recesiones, quiebras, guerras, y verlo todo venir— pueden estar mejor equipados para notar un patrón a tiempo y decir: "Ya he visto esto antes". Conocen los altibajos de la vida y pueden ir por los tiempos buenos y malos con las medidas adecuadas porque han aprendido de la experiencia.

Para quienes tienen menos experiencia, esto puede ser un reto mayor. Puede que entiendan la idea de notar patrones intelectualmente, pero, en la práctica, les cuesta aplicar esta perspectiva. Como resultado, pueden tener dificultades para saber sobre qué deben actuar y qué pueden ignorar con seguridad.

Si quieres mejorar tu habilidad de detectar patrones antes de que sea demasiado tarde, la sabiduría del antiguo filósofo Tales (considerado por muchos como el primer filósofo de la tradición occidental) podría ayudarte, independientemente de tu experiencia.

Patrones en olivos, agua y estrellas

No se sabe mucho sobre Tales, pero se dice que una vez, mientras contemplaba las estrellas, Tales se cayó a un pozo. Esta historia se comparte a menudo como ejemplo de cómo los filósofos, en su reflexión sobre la realidad, pueden perder el contacto con la vida cotidiana.

Sin embargo, lo que a menudo se omite es *por qué* solía mirar al cielo: Tales era un buen observador del tiempo y, en muchos sentidos, mucho más práctico de lo que uno podría pensar. La ampliación de sus conocimientos sobre los procesos meteorológicos le ayudó a predecir muchos acontecimientos, entre los que parece que se encuentra el eclipse solar del 28 de mayo de 585 a.C.

Durante otro año, también predijo un exceso de aceitunas. Antes de que otros lo descubrieran, Tales ya había alquilado todas las prensas de aceitunas de Mileto.

¿Imprudente? No. Cuando se conoce mejor a Tales, se entiende por qué Aristóteles dijo de él: "De este modo, demostró que los filósofos pueden ser ricos fácilmente".

La búsqueda de Tales para mejorar su comprensión del mundo y sus patrones no se limitaba a ninguna escala. Se interesó tanto por la astronomía como por la naturaleza de la materia (era conocido por su postura de que "*todo es agua*"). Además, practicaba la geometría, las matemáticas y la ingeniería, pero sobre todo evitaba las supersticiones. Intentó explicar los fenómenos naturales sin buscar una causa sobrenatural.

¿Qué patrones quieres descubrir?

Si quieres mejorar tu capacidad de notar patrones en la vida para tomar mejores decisiones, hay muchas cosas que podrías hacer, empezando hoy mismo.

En primer lugar, puedes considerar la posibilidad de practicar *journaling* para comprender mejor tus propios patrones. Anota los pensamientos que tienes y las acciones que realizas en determinadas circunstancias. En el momento, los patrones pueden ser difíciles de detectar. Sin embargo, al repasar tus notas, puedes empezar a ver patrones relacionados con muchos aspectos de tu vida. ¿Hay algún tema recurrente en cuanto a cómo te sientes durante el día? ¿Qué notas en tus relaciones personales y profesionales? ¿Y la forma en que afrontas las circunstancias difíciles?

En segundo lugar, puedes mejorar esta habilidad aprendiendo de las experiencias de los demás. Lee (auto)biografías, mira documentales e interésate por las historias de vida de otras personas. ¿Qué patrones han observado los demás en sus vidas? ¿Hay algo con lo que puedas sentirte identificado? ¿Hay alguna predicción que puedas hacer sobre ti mismo basándote en ellas? ¿Te gustaría reforzar, debilitar o incluso romper alguno de estos patrones personales?

Por último, en un nivel más abstracto, podrías considerar que todo lo que ocurre hoy a tu alrededor forma parte de un patrón más amplio que puedes notar y estudiar en diferentes escalas: astronomía, física, biología, química, historia, sociología, economía, ética y demás. ¿Sobre qué campos y sus patrones te gustaría aprender más? ¿Cuál es la mejor manera de hacerlo teniendo en cuenta el tiempo, la energía, los medios y el acceso que tienes actualmente? ¿Hay algún campo al que te gustaría contribuir?

En definitiva, podría valer la pena invertir un poco cada día en buscar puntos comunes y disimilitudes entre tus observaciones a lo largo del tiempo. En lugar de exponerte únicamente a información aislada sobre la actualidad, podrías mejorar tu comprensión de los patrones a corto y largo plazo que se han producido desde los tiempos de Tales. Disfruta de los descubrimientos que te esperan. Sólo asegúrate de no quedarte tan fascinado que te olvides de cierto patrón muy antiguo relacionado con estrellas y pozos.

Pensamientos, ideas y más...

Pensamientos, ideas y más...

Demócrito puede ayudarte a conectar la teoría con la práctica

"Lo más peligroso de una educación académica es que permite mi tendencia a intelectualizar demasiado las cosas, a perderme en el pensamiento abstracto en lugar de simplemente prestar atención a lo que ocurre delante de mí".
—David Foster Wallace

El antiguo pensador Demócrito es considerado por muchos como el padre de la ciencia moderna y es conocido por su teoría de que todo está hecho de átomos.

Creía que el conocimiento era algo que debía alcanzarse a través del intelecto, basándose en observaciones a través de los sentidos. En otras palabras, la teoría no podía separarse de la experiencia cotidiana.

Esta línea de pensamiento no sólo es apropiada para las aulas de ciencias y los laboratorios. También es aplicable a la vida cotidiana. Cuando prestas más atención a lo que ocurre delante de ti, te das cuenta de señales importantes que, de otro modo, tal vez te hubieras perdido.

Las personas intelectuales, especialmente quienes acaban de salir de la universidad, suelen estar ansiosas por captar nuevos conceptos y formas de pensar. Sin embargo, esto puede llevar a la trampa de pasar por alto lo que realmente está sucediendo.

Para asegurarte de no perderte o desconectarte, el consejo es, por tanto, *"mirar y actuar más de cerca"*. Cuando lo haces, la vida se enriquece. Saboreas la comida que estás comiendo y escuchas la música que está sonando. Eres capaz de entender la conversación en lugar de estar sólo físicamente presente. Recibes información inmediata de tu entorno y puedes adaptarte a ella en lugar de pensar: "Bueno, el libro decía esto" o "Eso no es lo que pensaba que iba a pasar". El pensamiento de Demócrito puede acercar nuestras observaciones y acciones al mundo tal y como es.

¿Qué haría Demócrito?

Como puedes ver, este "método inductivo" te impulsa a ponerte en contacto con cómo funcionan *realmente* las cosas, no sólo con cómo *deberían* funcionar. Se basa en la idea de estar conectado a tu entorno y reaccionar a la información que recibes. Piensa en Thomas Edison cuando trabajaba en la bombilla. Su atención se centraba en los resultados de cada experimento; continuamente refinaba y probaba sus fórmulas y principios científicos.

Su trabajo ejemplificó esta cita, que se atribuye a muchos pero que en realidad tiene un origen desconocido: *"En teoría, no hay diferencia entre la práctica y la teoría. En la práctica, la hay"*.

Los libros y otras fuentes de información fiables y seleccionadas son una gran manera de acumular conocimientos, pero son simplemente un punto de partida para la adquisición de sabiduría, que también proviene de la práctica y la experiencia, así como de abrir los ojos a esa experiencia.

Afortunadamente, cultivar una mentalidad que esté en contacto con el "mundo de los átomos" es más fácil de lo que se piensa. Empieza por utilizar tus sentidos más a menudo. Cuando salgas a pasear, por ejemplo, no te limites a ver el camino que tienes delante. *Escucha* al mundo. *Huele* el aire. *Toca* las piedras y las plantas.

Esta forma de observación practicada también te servirá en el trabajo. Cuando termines una reunión con un cliente o empleado, pregúntate: *¿Qué he visto* *o escuchado de primera mano durante esa interacción?* ¿Fueron relevantes estas observaciones? ¿Redujeron la incertidumbre? En otras palabras, ¿fueron *informativas*? Estas preguntas reflexivas garantizan que no pases por alto ni olvides las señales que te daba tu entorno.

No tengas miedo de experimentar o salirte de la rutina. Digamos que en lugar de escribir un mensaje, llama a un amigo. ¿Funcionó mejor eso para desescalar la situación? ¿Qué puedes aprender de tus nuevas observaciones?

Por último, cultiva la curiosidad por saber cómo funcionan las cosas *realmente*. Exponte a diferentes ámbitos de la sociedad para ver cómo otras personas hacen su trabajo. ¿Coinciden con tu idea de cómo se hace ese trabajo? Puede que te sorprenda —y te ilumine— lo que encuentres, no sólo en la *teoría* sino también en la *práctica*.

Pensamientos, ideas y más...

Pensamientos, ideas y más...

Ockham puede ayudarte a ahorrar tiempo y energía

"Cuando se ha eliminado lo imposible, lo que queda, por improbable que sea, debe ser la verdad".
—Sherlock Holmes

Tu equipo no ha respondido a tu serie de preguntas, aunque normalmente lo hacen en veinticuatro horas. El lanzamiento de tu nuevo producto no ha generado un pico de ventas aunque tus grupos de sondeo parecían entusiasmados. Un potencial compañero de piso rechazó una oferta para vivir contigo, aunque sobre el papel hubiera sido una pareja perfecta.

Cuando te enfrentas a teorías que compiten entre sí y que explican igualmente bien una situación, ¿cómo te decides por una de ellas? El filósofo escolástico William de Ockham, también escrito Occam, te daría el siguiente consejo: Elige la *más sencilla* de las explicaciones. En otras palabras, no hagas más suposiciones de las que sean absolutamente necesarias, y elimina cualquier parte de la teoría que no pueda ser observada.

Este consejo se conoce como la navaja de Ockham, que puede ser un complemento útil para tu caja de herramientas. Aunque la navaja de Ockham tiene 600 años, hoy sigue siendo tan afilada como en aquél entonces y continúa fomentando una actitud escéptica hacia las especulaciones innecesarias.

Afilar la navaja de Ockham

El tiempo no siempre está de tu lado. Algunas decisiones complejas merecen ser tratadas como proyectos de doctorado, pero a diferencia de lo que ocurre en el mundo académico, no tienes la oportunidad de pensar en todos los detalles.

Tómate un momento para pensar en una sorpresa reciente. ¿Cuáles podrían ser las tres posibles explicaciones de esta situación imprevista? ¿Cuál es la explicación que tiene más suposiciones? ¿Cuál es la más sencilla? ¿Cuál elegiría Ockham?

Ahora, considera un proyecto actual en el que estés trabajando. ¿Cuáles son los resultados previstos? ¿Qué necesitas creer para que estos resultados se materialicen? ¿Se podría esperar otro resultado más probable? ¿Hay formas más sencillas de conseguir esos mismos resultados?

Crear tu propia navaja

El filósofo austriaco-británico Ludwig Wittgenstein dijo una vez: "Si un signo no es necesario carece de significado. Este es el sentido del principio de Ockham".

Lo anterior no quiere decir que la navaja de Ockham sea siempre la herramienta adecuada para cada situación. Por supuesto, hay que tener en cuenta las consecuencias de tu decisión, especialmente en el caso de que resulte ser errónea. A veces, incluso es mejor utilizar otras navajas filosóficas:

La navaja de Hitchens: "Lo que se puede afirmar sin pruebas se puede descartar sin pruebas".

La navaja de Hanlon: "Nunca atribuyas a la malicia lo que puede explicarse adecuadamente por la estupidez".

La navaja de Alder: "Lo que no puede ser resuelto por el experimento no vale la pena debatirlo".

¿Tienes alguna navaja propia que te ayude a penetrar el ruido? ¿Qué navajas te ayudan a evitar el trabajo innecesario? ¿Qué navaja(s) te gustaría compartir con tu(s) equipo(s)? ¿Alguna nueva que podrías crear para las generaciones futuras?

En un mundo complejo que a veces puede resultar abrumador, simplificar las cosas puede ser una forma elegante de ahorrarte a ti mismo y a los demás un tiempo y una energía mental considerables. Sólo tienes que asegurarte de aprender a aplicar estas navajas de forma correcta con el tiempo para no cortarte accidentalmente en el proceso.

Pensamientos, ideas y más...

Pensamientos, ideas y más...

Hipócrates puede ayudarte a prevenir daños involuntarios

Un fabricante de aviones quería mejorar la experiencia de los pasajeros en sus aviones, así que los ingenieros crearon una nueva tecnología que reducía drásticamente el ruido en la cabina durante el vuelo.

Un grupo de guarderías estaba cansado de que los padres recogieran a sus hijos a deshora y, con la ayuda de los investigadores Uri Gneezy y Aldo Rustichini, experimentaron con una multa que cobraba a los padres si llegaban tarde a recoger a su hijo.

Una celebridad cuya casa privada en la playa aparecía en un mapa virtual presentó una solicitud legal para que se retirara la foto, con la esperanza de recuperar la privacidad perdida.

En cada caso, parecía que el problema fue resuelto elegantemente.

Sin embargo...

El fabricante de la aerolínea no tardó en recibir quejas de que la cabina era *demasiado* silenciosa, por lo que los pasajeros oían sonidos no deseados que antes quedaban ahogados.

Los padres que solían recoger a sus hijos a tiempo ahora también empezaron a llegar tarde: pagar la multa aliviaba la culpa y, de hecho, les daba permiso implícito para hacerlo.

La foto de la casa de la celebridad ganó más atención que nunca debido a la demanda, asegurando que más gente se enterara de la casa, en contraste con lo que hubiera sido de haberlo dejado pasar.

Estos ejemplos demuestran la diferencia entre los efectos de "primer orden" y los de "segundo orden": las consecuencias inmediatas de nuestras acciones y las consecuencias (no intencionadas) de esas consecuencias.

Prevenir daños no deseados

Hipócrates de Cos vivió alrededor del año 400 a.C. y es conocido como el padre de la medicina. Su legado sigue vivo hoy en día en todo el mundo, desde el estudio sistemático de las enfermedades hasta la filosofía y la ética de las intervenciones médicas, incluido el famoso juramento hipocrático de los médicos.

La forma de pensar que introdujo la escuela hipocrática de medicina no sólo benefició a la profesión médica sino, en un sentido más amplio, a cualquiera que quisiera resolver un problema en un sistema complejo. Una idea importante fue que *las buenas intenciones no conducen automáticamente a buenos resultados* debido a las numerosas consecuencias imprevistas de los actos propios. Por tanto, la responsabilidad de uno cuando intenta hacer el bien es *"primero, no hacer daño"*.

Esto no pretende desanimar a las personas idealistas que quieren invertir su tiempo, creatividad y energía en marcar una diferencia positiva. Sin embargo, lo que se pretende es mostrar que, al final, no se trata de las intenciones, los sueños o los planes sobre el papel. Después de que se hayan producido las consecuencias de las consecuencias de nuestras acciones, ¿está el paciente mejor que antes? ¿Resolvimos el problema? ¿El mundo se convirtió en un lugar (ligeramente) mejor?

Evitar los momentos de Zugzwang

Existe un término en el ajedrez conocido como zugzwang que se define como una situación *"en la que un jugador queda en desventaja debido a su obligación de realizar un movimiento"*. En otras palabras, el hecho de que el jugador se vea *obligado a mover* en esta situación significa que su posición se debilita considerablemente.

Cuando nos enfrentamos a un problema, nuestro impulso natural puede ser resolverlo mediante una acción inmediata. Podemos creer, posiblemente de forma incorrecta, que la situación exige una respuesta directa; que estamos *obligados a movernos* y que cualquier acción en este caso es siempre mejor que no actuar.

Sin embargo, cuando consideramos los efectos de segundo orden, podemos prever que las consecuencias imprevistas de nuestras acciones podrían empeorar la situación. A menudo, el daño no está en el efecto inmediato, sino oculto en la cadena de consecuencias.

Afortunadamente, la vida *no* se parece en muchos aspectos al ajedrez. Puedes tener más opciones, que van desde no intervenir en absoluto hasta probar varias soluciones a pequeña escala en diferentes áreas a lo largo del tiempo; esto último te permitiría supervisar mejor las consecuencias imprevistas, obtener información inmediata para corregir el rumbo, desarrollar soluciones más eficaces a cada paso y, al menos, evitar daños a gran escala, imprevistos e irreversibles.

Ser idealista sin ser ingenuo

Piensa en un problema importante que te gustaría resolver ahora mismo. Considera las acciones obvias que podrían resolver este problema de forma clara, drástica o sencilla. Si intervinieras con esas acciones, ¿cuáles serían las consecuencias de primer orden? ¿Cuáles serían las consecuencias de segundo orden? ¿Cómo lo sabrías?

Supongamos ahora que has emprendido acciones diferentes y más meditadas para resolver el problema, pero que, de alguna manera, han empeorado la situación (lo que se conoce como ejercicio *pre-mortem*). Ahora puedes echar marcha atrás para determinar qué fue lo que falló en el camino. Con ese conocimiento, podrías tomar las decisiones correctas y oportunas para ayudar a evitar que ese resultado se produzca.

En el espíritu de Hipócrates: por muy bellas que sean nuestras intenciones, sueños e ideales, al final lo que importa son los *resultados*. ¿Cómo se puede evitar que las soluciones simples causen daños involuntarios a gran escala? ¿Cómo se puede mejorar una situación problemática local mediante el método de ensayo y error? ¿Cuándo y dónde actuar será mejor que no actuar, y viceversa?

Dejar el mundo mejor de lo que lo encontramos empieza por *al menos* no empeorar las cosas. Con esto como base sólida, puedes invertir libremente el resto de tu inspiración, valor e idealismo en marcar una diferencia positiva, una consecuencia (de una consecuencia) a la vez.

Pensamientos, ideas y más...

Pensamientos, ideas y más...

Kant puede darte el coraje para pensar por ti mismo

Con las oportunidades actuales de seguir las opiniones de más gente que nunca, es más fácil externalizar muchos aspectos de nuestro pensamiento. Desde la salud hasta las finanzas, sólo hay que encontrar al experto o expertos adecuados, y después no hace falta pensar mucho.

Este tipo de piloto automático cognitivo también puede existir en nuestra vida profesional. Es posible que trabajes en una organización en la que las respuestas provienen principalmente de especialistas y altos cargos, o en la que existe una forma establecida de hacer las cosas basada en décadas de éxito.

En el día a día, un entorno como éste puede cultivar una sensación de estabilidad, certeza, simplicidad y claridad en un mundo que, por lo demás, es VICA. Sin embargo, bajo la superficie, puede haber dudas tácitas: ¿Y si los especialistas no tienen razón? ¿Y si los directivos están atrapados en la política interna? ¿Y si los procesos existentes se han convertido en meros rituales, heredados de un pasado glorificado, que ya no sirven para nada práctico?

En estos casos, el filósofo alemán Immanuel Kant diría: *"Sapere aude"* o *"Atrévete a saber"*. A lo largo de su deslumbrante cantidad de escritos —más de 1,500 páginas publicadas durante la Ilustración— Kant desarrolló su pensamiento sobre una amplia gama de temas e intentó responder a tres preguntas fundamentales:

1. ¿Qué puedo saber?
2. ¿Qué debería hacer?
3. ¿Qué puedo esperar?

Para aquellos que buscan formas de pensar por sí mismos, estas preguntas pueden suponer un comienzo enriquecedor.

¿Qué puedo saber?

Kant creía que ciertas cosas pueden conocerse, mientras que muchas otras no son *conocibles*. Resulta útil (y humilde) ser capaz de distinguir entre ambas cosas. Pensar en esto también nos da el coraje necesario para desafiar a aquellos que afirman conocer lo no conocible.

Es difícil ser escéptico si se piensa que (casi) todo es conocible. Es tentador reaccionar ante la afirmación de un experto o una figura de autoridad diciendo: "Esta persona tiene décadas de experiencia estudiando este tema. ¿Quién soy yo para cuestionar estas afirmaciones?". Pero si examinas lo que se puede saber, te sentirás más cómodo tomando prestada una frase mencionada antes de Sócrates: *"¿De verdad es así?"*

Además, un verdadero experto sería probablemente el primero en admitir lo que muchos grandes pensadores han escrito a lo largo de los siglos "Cuanto más sabes, más te das cuenta de que no sabes".

En cada decisión, hay límites a lo que *podemos* saber. Analizar más información para rellenar esas lagunas no siempre es posible, ni es en definitiva el mejor uso de nuestro tiempo. Entonces, ¿cómo vas a proceder con sabiduría, teniendo en cuenta todas estas incógnitas "conocidas y desconocidas"?

¿Qué debería hacer?

En cualquier momento, hay muchas cosas en la vida que *podrías* hacer, pero ¿hasta qué punto sabes lo que *deberías* hacer? Un aspecto importante en el que se centró Kant fue cómo debemos tratar a los demás. ¿Hacemos las cosas de forma correcta? ¿Qué *deberíamos* hacer cuando se trata de quienes nos rodean?

En la búsqueda de nuestras aspiraciones, existe el riesgo de considerar a las personas como un "recurso" o un "medio para un fin". Kant sostendría que las personas *son un fin en sí mismas* y deben ser tratadas como tal. Ver las cosas de otra manera sería un acto inmoral y un perjuicio para uno mismo y para los demás.

¿Con qué frecuencia distingues claramente entre "medios" y "fines"? ¿Cómo evitas confundirlos en tu toma de decisiones, en el trabajo y en otros ámbitos? ¿Cómo *deberías* tratar a tus amigos, a tu familia, a tus vecinos, a tus colegas, a los extraños, al resto de la naturaleza o a ti mismo? ¿Y por qué?

¿Qué puedo esperar?

Como hemos dicho antes, hay ciertas cosas en la vida que nunca podemos saber. Pero eso no significa que no podamos esperar que se hagan realidad.

¿Cuáles son tus esperanzas, sueños y deseos para ti mismo en el futuro? ¿Y para tu comunidad y la organización en la que trabajas? ¿Cuáles son tus esperanzas sobre la vida en general? En caso de que las hayas olvidado, Kant te anima a practicar el desarrollo y la persecución de tus ideales. Especialmente ante un flujo continuo de decepciones, el idealismo puede ser difícil de mantener, pero como dice la expresión: "Si no es ahora, ¿entonces cuándo?". Si te atreves a decirlo, ¿qué te atreverías a esperar este año?

Encontrar tus propias respuestas

Mantenerse en el *status quo* o seguir los consejos de los expertos puede resultar cómodo a corto plazo o, para algunos, incluso a largo plazo. Pero, mirando hacia atrás desde el futuro, ¿es así como hubieras querido vivir tu vida? ¿Y si resulta que los demás se equivocan? ¿Y si tienen razón? Independientemente de lo que digan los demás, ¿por qué no utilizar también tu propia y maravillosa facultad de razonar y pensar lo mejor posible?

¿Qué puedo saber? ¿Qué debería hacer? ¿Qué puedo esperar?

Kant tenía sus propias respuestas, pero probablemente no querría que las siguieras ciegamente. Querría que pensaras profundamente, que revisaras, añadieras o quitaras cosas según tu propio criterio y que llegaras a tus propias conclusiones.

Al menos eso es lo que *podemos* y *debemos* esperar.

Pensamientos, ideas y más...

Pensamientos, ideas y más...

Hiparquía puede mostrarte la dirección correcta con base en tus valores

Hay momentos en la vida en los que te encuentras con una respuesta *clara* a un problema *complejo*: tus cálculos financieros determinan que no debes invertir en una idea de negocio, la ley exige unas cláusulas específicas que debes incluir en un nuevo contrato o has vivido una determinada situación tantas veces antes que el camino a seguir es bastante evidente.

Sin embargo, a veces la respuesta no es obvia: hay una crisis urgente en la que no puedes investigar a fondo todas las opciones, tu cliente te pide un nuevo servicio que requiere una inversión importante por tu parte, estás pensando en mudarte a un nuevo lugar y no puedes sopesar fácilmente ciertas opciones, o necesitas encontrar la mejor manera de pasar un momento libre no planeado.

En estas situaciones ambiguas, incluso cuando se tiene la oportunidad de pedir consejo a las personas de confianza, las recomendaciones pueden ser muy variadas. Quieres asegurarte de tomar la mejor decisión (o al menos una de la que no te arrepientas), pero no estás seguro de qué dirección tomar.

En estos momentos, las decisiones de Hiparquía, una filósofa cínica de alrededor del año 300 a.C., pueden servir de ejemplo orientador. Por desgracia, muchos de sus escritos e ideas se perdieron con el paso del tiempo, pero lo que perdura es su ejemplo de vivir según sus valores.

Cuando su familia intentó convencerla de lo contrario, eligió el *amor* y se casó con el filósofo Crates. Cuando otros a su alrededor se dedicaban a ganar dinero, ella eligió vivir *sin apego a las cosas materiales*. Frente a ciertas expectativas sobre su papel en el hogar, luchó por la *igualdad*. Cuando otros buscaban el placer, ella buscó la *sabiduría*.

Cuando queremos tomar decisiones acertadas, nuestros valores pueden sin duda ayudarnos en *cualquier* situación, pero en momentos ambiguos como los mencionados anteriormente, su importancia es *especialmente* clara. Como una brújula en una tormenta desorientadora, nuestros valores pueden indicarnos la dirección correcta y darnos el valor para salir adelante.

Pero esto plantea inmediatamente una pregunta importante: *¿Conoces bien tus valores?* ¿Qué tan consciente de ellos eres, cómo se relacionan entre sí y con qué frecuencia los pones en práctica?

¿Cuáles son tus valores?

Los valores son creencias profundas que pueden guiar tu actitud y tus acciones. Te ayudan a distinguir entre lo que está bien o mal, lo que es importante o una distracción, lo que es deseable o inaceptable. Los valores pueden medir si tu vida va por el camino correcto y si estás haciendo las concesiones adecuadas. Pueden proporcionar una sensación de plenitud cuando realizas acciones alineadas con ellos o hacerte sentir dolor cuando se incumplen.

Es posible que algunos valores hayan existido siempre en ti, mientras que otros han sido moldeados, quizá por tu educación, tu entorno laboral o tu comunidad. Por muy interesante que sea descubrir más a fondo *de dónde* vienen, por ahora, empezaremos con lo que *son* para ti hoy.

Algunos ejemplos de valores son la aventura, la originalidad, la lealtad, la libertad, el coraje, la ambición, la honestidad, la jovialidad, la creatividad, el crecimiento, la maestría y el amor. Además, puedes encontrar una selección más amplia en la página titulada "Con gratitud", donde eres libre de añadir todos los que quieras.

Tómate un momento para explorar la lista completa y ver si puedes responder por ti mismo a lo siguiente:

- ¿Hay algún valor que te resuene más que otros?

- Aunque todos ellos pueden ser importantes para los demás, ¿cuáles son importantes para *ti*?

- ¿Cuáles te parecen bellos, útiles e inspiradores o, en otras palabras, *valiosos*?

- ¿Hay algún valor que desees que forme parte de tu vida?

- Algunos valores, ¿te dan suficiente significado por sí mismos, o necesitan ser combinados con otros?

- ¿Podrías seleccionar, o incluso clasificar, unos cinco principales?

Vivir tus valores en el mundo real

Una vez que tengas una visión más clara de los valores que más resuenan en ti, puedes empezar a preguntarte hasta qué punto crees que realizas acciones en la vida que sean *congruente* con tus valores. No sólo cuando las cosas son obvias y fáciles, sino especialmente cuando los momentos son difíciles y ambiguos o cuando hay tensión *entre* tus valores. Cuando te enfrentas a decisiones difíciles, ¿estás dispuesto a pagar un precio para vivir de acuerdo con tus valores como Hiparquía? Si no es así, ¿podrías decir que *realmente* mantienes esos valores? Con el tiempo, al poner a prueba tus valores en el mundo real, podrás tener una visión más clara de cuáles son los que más significado tienen para ti.

Y, por supuesto, cuanto mejor te entiendas a ti mismo, mejor entenderás a los que te rodean. ¿Hay valores compartidos en tu familia o equipo? ¿Conoces bien los valores de las cinco personas con las que más trabajas? ¿Hay valores que se refuerzan mutuamente o (al menos en apariencia) se complementan o incluso se contradicen? ¿Cuál sería una forma inteligente de tener esto en cuenta a la hora de tomar decisiones?

Los resultados pueden parecer fuera de tu control a veces, en el trabajo y fuera de él. Sin embargo, si conoces y vives tus valores, al menos *el camino a seguir y la persona en la que te conviertes* son congruentes con lo que encuentras más importante en la vida. En otras palabras, tendrás la libertad de hacer que cada paso difícil valga la pena por sí mismo, especialmente si tus valores son claros.

Pensamientos, ideas y más...

Pensamientos, ideas y más...

Juntarlo todo

Hace más de dos milenios, Aristóteles escribió que "la marca de una mente educada es ser capaz de entretener un pensamiento sin aceptarlo". Puede ser intelectualmente satisfactorio enriquecer tu visión personal del mundo, pero a un nivel mucho más práctico, desarrollar una rica filosofía de vida y diferentes formas de pensar también puede ayudarte a tomar mejores decisiones en un mundo que se siente cada vez más volátil, impredecible, complejo y ambiguo.

Con el tiempo, exponerte a diferentes filosofías te permite practicar diversas herramientas y enfoques para resolver los problemas difíciles que inevitablemente se te presentarán. Estas herramientas y enfoques no se tratan de lo que *deberías* hacer, sino de lo que *podrías* hacer. A medida que entiendas mejor esto último, podrás decidir mejor lo que *quieres* hacer.

Como forma de practicar, exploremos tres contextos que probablemente te resulten familiares —nuevas oportunidades, obstáculos y sorpresas— y veamos cómo diferentes pensadores a lo largo de la historia podrían haber abordado la situación.

Manejar una nueva oportunidad

En algún momento de tu carrera, puede que te encuentres con una oportunidad emocionante, como la creación de una nueva empresa o el lanzamiento de un nuevo producto. Podemos imaginarnos a Sócrates y a Nietzsche debatiendo cómo te aconsejarían manejar esta decisión. Sócrates era conocido por preguntar: *"¿de verdad es así?"*. Cuando se aplica correctamente, este enfoque escéptico puede ayudarte a evitar errores (irreversibles).

Utilizando este enfoque, puedes preguntarte críticamente: "*¿Es realmente una oportunidad, o sólo lo parece?*" También querrás saber qué podría salir mal y quizás desarrollar un plan para evitar que ocurran cosas indeseables. Incluso si la posibilidad de fracaso es pequeña, ¿qué precio tendrías que pagar si el fracaso *sí* se materializa de alguna manera?

En el otro lado está Nietzsche y su experimento mental sobre la eterna recurrencia. Si este momento exacto se repitiera para siempre en la eternidad, ¿estarías contento de revivirlo un número infinito de veces?

Si le das un peso infinito a tu decisión de esta manera, puedes obtener claridad sobre una cuestión importante: *¿Qué quieres?* Si siempre has querido lanzar una nueva empresa o producto, ¿importaría que tuviera éxito o no?

¿Podrías vivir con la decisión de *no perseguir* lo que quieres si esa decisión resonase en la eternidad? ¿Cómo te aconsejarías a ti mismo si pudieras hacerlo desde un futuro lejano?

Superar un obstáculo

Estás trabajando para conseguir un objetivo importante y te encuentras con un obstáculo inesperado delante de ti. Mientras decides cómo manejar esta situación imprevista, consideremos las filosofías de Aristóteles y Bruce Lee.

Aristóteles veía las situaciones desafiantes como oportunidades para desarrollar virtudes: rasgos de carácter que se consideran positivos. Cuando pienses en la persona en la que te gustaría convertirte, considera qué virtudes necesitarías desarrollar para construir tu carácter. ¿Aprovechas los retos de la vida como oportunidades para desarrollar esas virtudes?

Sólo cuando tenemos la *tentación de rendirnos*

podemos practicar la *diligencia*, sólo cuando nos *preocupan las consecuencias* podemos practicar la *honestidad*, y sólo cuando nos *enfrentamos al miedo real* podemos practicar el *valor*. La misma lógica se aplica a la práctica de la humildad, la compasión, la paciencia, la generosidad, la bondad o cualquier otra virtud que sea significativa para ti.

Sin embargo, si lo miras desde la filosofía de *"ser agua"*, como solía decir Bruce Lee, estos obstáculos quizá no estaban destinados a ser superados con sangre, sudor y lágrimas, sino con la menor fricción posible. El agua no se atasca en un río cuando se enfrenta a una roca. En cambio, fluye alrededor de los obstáculos y continúa río abajo. No reacciona de forma insuficiente, ni exagerada, ni se detiene. Fluye lo mejor que puede, exactamente como lo necesita, dependiendo de la situación. Quizá la sabiduría en esta situación signifique *no luchar contra el obstáculo*, sino encontrar una *forma elegante de rodearlo*.

Lidiar con las sorpresas

Las sorpresas pueden tomarte desprevenido. Ya sean buenas o malas, puede llevar tiempo asimilar lo que ocurre y determinar qué hacer. Tales y Demócrito ofrecen dos maneras diferentes de afrontar las sorpresas.

Tales era experto en reconocer patrones. Te diría que te detuvieras y consideraras si lo que está ocurriendo ha sucedido antes, y si es así, qué fue lo que siguió. Cuando eres bueno en notar los patrones a corto y largo plazo a gran escala y a escala local, te sorprenderás menos y estarás mejor preparado para cualquier cosa que se te presente.

Por otro lado, Demócrito conocía nuestra tendencia a ver el mundo a través de una lente con demasiada teoría en lugar de observar claramente nuestra realidad actual tal y como se desarrolla desde el eterno aquí y ahora. Por lo tanto, su principal preocupación no era necesariamente reconocer los patrones en el tiempo, sino principalmente lo que estaba delante de nosotros. No te pierdas el fuego porque "cada año, por estas fechas, el tiempo se vuelve un poco más cálido por aquí". Empieza con tus cinco sentidos: oye, ve, saborea, toca y huele lo que hay a tu alrededor.

Y ahora, ¿qué hay de ti?

Cuando uno quiere aprender a cocinar platos nuevos y nutritivos, puede empezar con las recetas clásicas que han sido probadas, ensayadas y mejoradas por innumerables antepasados. Del mismo modo, un paso útil para desarrollar y enriquecer tu propia filosofía es estudiar las herramientas de innumerables pensadores que se han preguntado por la vida antes que tú.

Disfruta. ¿Y quién sabe? Un día, puede que hagas tu parte transmitiendo la sabiduría a una nueva generación. A tu manera, ayudarás a la gente a tomar mejores decisiones y te sumarás a lo que otros han hecho hasta ahora de forma generosa, valiente y amable.

Pensamientos, ideas y más...

Pensamientos, ideas y más...

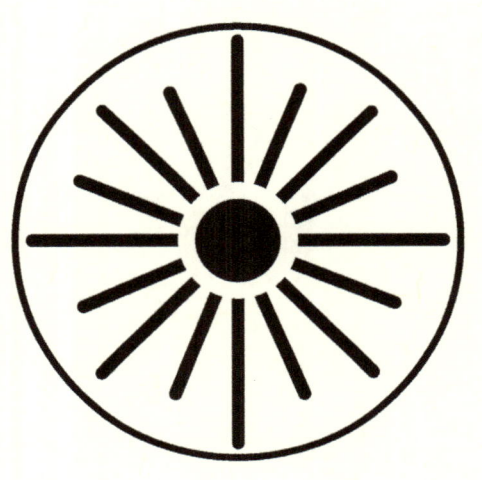

¿Qué es la sabiduría?

Con tus propias palabras, si nadie fuere a leer tu respuesta.

¿Qué es la sabiduría?

¿Qué es la sabiduría?

Con gratitud

Este libro no podría haberse creado sin la ayuda de tantos valores eternos que se han transmitido de generación en generación desde tiempos remotos, como si se añadieran figuras complementarias a un colorido mosaico.

Ha sido una delicia ver cómo estos valores cobran vida, en palabras de Aristóteles, *en el momento adecuado, en el grado adecuado, con el propósito adecuado y de la manera adecuada*, a través de las acciones de la familia, los amigos, los vecinos, los colegas, los compañeros de clase, los profesores, los desconocidos y un sinfín de almas hermosas:

Amor, Aceptación, Belleza, Competencia, Disciplina, Lealtad, Apoyo, Realización, Concentración, Descubrimiento, Crecimiento, Maestría, Rigor, Sorpresa, Humor, Seguridad, Impulso, Trabajo en equipo, Adaptabilidad, Felicidad, Madurez, Satisfacción, Conexión, Eficacia, Vitalidad, Armonía, Motivación, Seguridad, Aventura, Sensatez, Eficiencia, Salud, Receptividad, Autosuficiencia, Puntualidad, Ambición, Coherencia, Ingenio, Empatía, Honestidad, Optimismo, Sensibilidad, Entretenimiento, Tradición, Alegría, Resistencia, Templanza, Éxito, Honor, Orden, Serenidad, Lógica, Asertividad, Contribución, Energía, Humildad, Espontaneidad, Organización, Servicio, Control, Paz, Imaginación, Originalidad, Compartir, Comprensión, Deleite, Equilibrio, Excelencia, Convicción, Entusiasmo, Independencia, Pasión, Dignidad, Significado, Singularidad, Audacia, Asombro, Cooperación, Integridad, Altruismo, Esperanza, Silencio, Unidad, Tolerancia, Valentía, Experiencia, Veracidad, Persistencia, Sencillez, Cortesía, Exploración, Intensidad, Jovialidad, Sinceridad, Victoria, Creatividad, Equidad, Gozo, Certeza, Credibilidad, Justicia, Profesionalidad, Soledad, Reverencia,

Visión, Desafío, Curiosidad, Enfoque, Bondad, Caridad, Decisión, Autenticidad, Razón, Riqueza, Confiabilidad, Liberación, Aprendizaje, Reconocimiento, Estabilidad, Comodidad, Determinación, Diversión, Libertad, Recreación, Fortaleza, Compromiso, Devoción, Generosidad, Confianza, Respeto, Estructura, Coraje, Compasión, Conciencia y Maravilla.

Sobre el autor

Kayvan Kian es empresario, profesor y asesor principal de McKinsey & Company en Ámsterdam, cuyo trabajo ha ayudado a miles de líderes y equipos a prosperar en tiempos difíciles.

Como fundador del Foro de Young Leaders, Kayvan ha dado conferencias como invitado en la Harvard Business School, HEC, Sciences Po, y más. Su primer libro, *¿Qué es el agua?: Cómo los jóvenes líderes pueden prosperar en un mundo incierto*, se convirtió en un bestseller instantáneo. Tiene un MBA del INSEAD en Francia y es licenciado en Economía y Derecho por la Universidad Erasmus de los Países Bajos.

www.kayvankian.com

Otros recursos por Kayvan Kian

¡Mira!

¿Lo viste?

Milton Keynes UK
Ingram Content Group UK Ltd.
UKHW010112110823
426678UK00002B/9